L'ENSEIGNEMENT

DU

DROIT ROMAIN

EN 1912

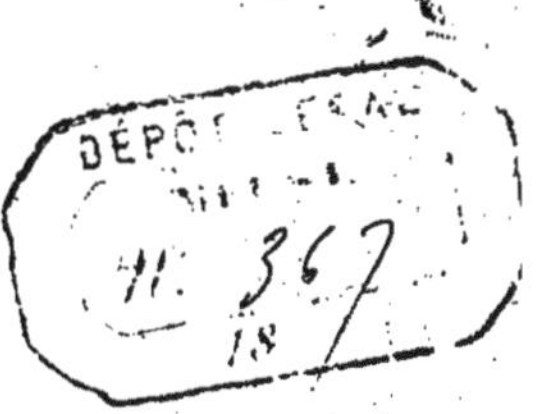

PAR

P. F. GIRARD

LIBRAIRIE
DE LA SOCIÉTÉ DU
RECUEIL SIREY
22, rue Soufflot, PARIS, 5ᵉ arrdᵗ
L. LAROSE & L. TENIN, Directeurs

—

1912

(Extrait de la *Nouvelle Revue historique de droit français et étranger*).

L'ENSEIGNEMENT

DU

DROIT ROMAIN

EN 1912

IMPRIMERIE
CONTANT-LAGUERRE
LVX VITAM
BAR-LE-DUC

L'ENSEIGNEMENT

DU

DROIT ROMAIN

EN 1912

PAR

P. F. GIRARD

(Extrait de la *Nouvelle Revue historique de droit français et étranger*
Septembre – Octobre 1912).

LIBRAIRIE
DE LA SOCIÉTÉ DU
RECUEIL SIREY
22, rue Soufflot, PARIS, 5ᵉ arrdt
L. LAROSE & L. TENIN, Directeurs

1912

L'ENSEIGNEMENT DU DROIT ROMAIN

EN 1912 [1]

Je dois, Messieurs, d'abord m'excuser de venir, dans cette assemblée où vous avez tant de choses plus importantes à discuter entre vous, occuper une partie de votre temps pour vous parler, en français et non en anglais, non pas de votre Droit national, mais de Droit romain. La faute en est à votre société qui m'a fait l'honneur de me nommer l'un de ses membres honoraires étrangers et à votre comité qui m'a fait le nouvel honneur de m'inviter à prendre la parole à votre réunion d'aujourd'hui.

Ç'aurait été, me semble-t-il, une ingratitude de répondre par un refus à la première demande de personnes à qui j'avais tant d'obligations et, puisque c'est un professeur de Droit romain que vous avez associé à vos travaux et appelé à parler devant vous, il est naturel qu'il vous parle de Droit romain, parce que c'est en parlant de ce que l'on sait le moins mal qu'on a le plus de chance de dire des choses qui ne soient ni trop fausses ni trop dépourvues d'intérêt.

Mais je pense n'avoir pas besoin d'affirmer que nulle pensée n'est plus loin de mon esprit que l'idée inconvenante qui consisterait à profiter de ce que je me trouve ici au milieu de collègues appartenant à toutes les bran-

---

(1) Discours prononcé, le 5 juillet 1912, à l'assemblée annuelle de la *Society of Public Teachers of Law* dans la Parliament Chamber de l'honorable Société du Middle Temple, à Londres, par M. Paul Frédéric Girard, membre honoraire de la Société.

ches de l'enseignement du droit pour célébrer au détriment des autres branches de cet enseignement celle à laquelle se rapportent mes études. Un Français doit connaître la pièce de Molière où les maîtres de Monsieur Jourdain se disputent pour savoir si c'est l'escrime, la grammaire ou la danse qui est la plus admirable des sciences et je peux ajouter que, quand on appartient comme moi au corps enseignant depuis plus de trente ans, on a eu trop d'occasions de voir cette scène ailleurs qu'au théâtre pour éprouver la moindre envie de la jouer une fois de plus.

Tout au contraire, ma première parole doit être pour appeler votre attention sur une infériorité apparente et même jusqu'à un certain point réelle que le Droit romain présente aujourd'hui et présentera sans doute toujours désormais par rapport à la plupart des autres branches de l'enseignement du Droit. Ma première parole doit être pour vous rappeler des événements qui ont indubitablement enlevé à l'enseignement du Droit romain la raison d'être qu'il avait eue pendant des siècles et qui par conséquent ont posé la question de savoir s'il y avait lieu de lui laisser en vertu de motifs nouveaux la place qu'il ne pouvait plus garder en vertu des motifs anciens, comme aussi, pour peu que l'on se prononçât en faveur de son maintien, la question non moins urgente de savoir dans quelle mesure le changement survenu dans la raison d'être de l'enseignement devait entraîner un changement dans sa nature.

Le Droit romain a, dans le cours du siècle dernier, perdu, dans des régions de plus en plus nombreuses, l'autorité législative qu'il n'a jamais eue chez vous, mais qu'il avait si longtemps possédée sur une partie du monde et qui avait été le motif direct de son étude. On a cependant très généralement pensé qu'il convenait de le conserver dans l'enseignement pour des raisons nouvelles qui sont bonnes. Mais le changement des raisons pour lesquelles on l'enseigne commande un changement parallèle dans la manière de l'enseigner. Ce sont les trois points que je voudrais traiter devant vous dans ces quelques instants.

I

Le XIXe siècle a probablement été, avec le XVIe siècle,. celui où le Droit romain a été le mieux et le plus brillamment étudié; mais, par un de ces paradoxes que présente souvent l'histoire de la science, c'est peut-être de tous les siècles de son existence, celui qui a été le plus fatal à son application pratique, celui où il a reçu, dans sa portée matérielle, comme branche vivante du droit positif, comme loi applicable par les tribunaux, les coups les plus répétés et les plus décisifs.

Pour la science, le siècle commence avec le merveilleux réveil provoqué par la découverte des Institutes de Gaius sur le terrain des sources et par l'œuvre de Savigny et de son école sur celui de leur interprétation. Il finit dans l'éclat des lumières nouvelles jetées sur les véritables règles romaines par ces découvertes de papyrus et ces découvertes d'interpolations dont le cours n'est pas encore arrêté. Mais il commence, en 1804, par la promulgation du Code civil français mis définitivement à la place de ces lois romaines qui avaient été jusqu'à la Révolution, malgré les distinctions de pays de coutume et de pays de Droit écrit, le véritable droit commun de toute la France (1). Il finit, en 1900, par l'entrée en vigueur du Code civil allemand qui a enlevé au Droit romain le champ d'application le plus vaste et le mieux labouré qui lui resta. Et dans l'intervalle, le Droit romain avait perdu, par exemple l'Autriche avec le Code de 1811, l'Italie avec

____

(1 V., contre les tentatives faites pour restreindre son importance dans les pays de coutume, par exemple par J. W. Maitland dans sa brillante étude sur l'*English Law and the Renaissance*, Cambridge, 1901, les justes observations de M. Esmein, *Nouvelle Revue historique de droit*, 1902, p. 776-777.

celui de 1864. Et même le mouvement dans lequel l'Empire britannique est représenté, en 1866, par le Code canadien de la province de Québec, s'est continué depuis le début du XXe siècle par des codifications nouvelles telles que le Code civil suisse de 1907 complété par le Code des obligations de 1910.

Le résultat final est aujourd'hui que le Droit romain a perdu ce rôle de loi positive qu'il avait joué à une certaine époque dans la plus grande partie de l'Europe et qui lui restait même, en somme, au moins pour certaines matières, il y a un peu plus d'un siècle. Il ne le conserve plus désormais qu'à titre d'exception accidentelle, dans quelques îlots isolés soustraits par un hasard au flot montant de la codification, dans des territoires appartenant à la Grande-Bretagne où le Droit romain de Pothier ou de Voet a été sauvé par les origines normandes ou hollandaises de la législation présente, dans des régions de l'Empire russe où les diversités des droits locaux ont laissé une portée pratique au droit byzantin.

Cela n'enlève rien à la gloire du Droit romain ni à celle de ses interprètes. On a dit non sans raison que l'œuvre puissante des Pandectistes allemands du XIXe siècle a seule pu rendre possible la codification du *Bürgerliches Gesetzbuch* dont la longue série d'articles réflète si clairement le Droit romain tel qu'ils l'ont compris, et l'on pourrait dire la même chose du reflet différent du même miroir laissé un siècle auparavant dans le Code civil français; car lui aussi n'est, dans certaines de ses parties capitales, qu'une condensation du Droit romain de nos anciens auteurs. Le Droit romain n'a disparu comme loi positive, que devant des lois qui procèdent de lui, même quand elles s'écartent de lui, et qui n'auraient pu être faites sans lui. Mais il a tout de même disparu. D'un droit vivant il est devenu un droit mort. Et ce serait manifestement une folie de supposer que cela n'ait pas dû avoir de conséquence au moins dans les pays où, avant la transformation, il était un droit positif, où son étude était l'étude pratique d'un droit en vigueur.

II

La conséquence n'a pas été sa disparition de l'enseignement. Il n'en a disparu nulle part, pas plus en Allemagne qu'en France, ni en Italie, ni en Suisse, ni en Autriche, ni nulle part. Il est au contraire toujours enseigné et étudié partout, à la fois dans les pays où les lois romaines ont été dépouillées de l'autorité législative qu'elles y avaient eue si longtemps, et dans ceux tels que la Grande-Bretagne et les États-Unis d'Amérique où elles n'ont jamais possédé cette autorité, au moins d'une manière générale et directe, et aussi dans ceux du Nord et du Midi, Suède, Norvège, Espagne, Portugal, qui occupent des situations plus ou moins intermédiaires. Le Droit romain a toujours aujourd'hui partout, dans les cours et les examens, une place qui, suivant les lieux, peut être plus ou moins large et plus ou moins bien aménagée, qui peut aussi lui avoir été plus ou moins disputée, mais qui ne lui a été enlevée nulle part, car on a partout considéré son étude et son enseignement comme gardant sur le terrain théorique toute l'autorité qui ne leur restait plus sur le terrain positif. Il a partout été maintenu pour des raisons impérieuses tirées à la fois de considérations didactiques, de considérations historiques et même de considérations rigoureusement pratiques sur lesquelles je n'ai pas besoin d'insister longuement dans une assemblée de professeurs de Droit (1).

Sur le terrain pratique de la vie judiciaire elle-même,

____

(1) Cf. Girard, *Manuel élémentaire de droit romain*, 5ᵉ éd., 1911, p. 4-6 et les travaux cités là, p. 4, n. 2. Ajouter aujourd'hui à la liste G. Cornil, *Les codes modernes et le droit romain* (*Bulletin de l'Académie royale de Belgique, classe des Lettres*, etc., 1912, p. 284-326) et B. Kuebler, *Die Aufgabe der historischen Rechtswissenschaft* (*Archiv für Rechts- und Wirtschaftsphilosophie*, 1912, p. 588-601).

la connaissance du Droit romain reste indispensable à l'intelligence des lois modernes pour cette raison étroite que beaucoup de ces lois, à peu près toutes les codifications, en viennent immédiatement ou médiatement, mais aussi pour la raison plus large et plus élevée indiquée par Sir Henri Sumner Maine (1) que c'est le Droit romain qui a fourni sa langue technique et ses catégories juridiques à ce qu'on peut appeler le droit commun universel d'aujourd'hui, à ce système d'idées juridiques voisines qui s'exprime en termes de plus en plus symétriques dans les lois de tous les pays civilisés, en dépit des diversités nécessaires et légitimes.

Sur le terrain didactique, c'est un lieu commun bien rebattu, mais toujours bien vrai que de célébrer le rôle sans équivalent joué dans l'éducation du jurisconsulte en voie de formation, dans l'affinement et l'assouplissement de son esprit juridique par l'étude des sources romaines, la manière dont ces discussions, précisément par leur caractère de discussions abstraites relatives à des institutions disparues, remplissent dans l'éducation juridique la même fonction indispensable que l'étude des langues classiques dans l'éducation littéraire.

Enfin, sur le terrain historique, le Droit romain nous fournit peut-être le champ le meilleur qu'il y aura jamais, en tout cas le meilleur qu'il y ait aujourd'hui, pour étudier, au sujet des institutions d'un peuple déterminé, la façon dont les institutions naissent, grandissent et dépérissent suivant un rythme dont la recherche est à la fois la partie la plus délicate de la sociologie et le meilleur remède contre les deux dangers que peut courir l'esprit du jurisconsulte : celui de considérer les lois d'un temps et d'un lieu comme des faits immuables

____

(1) *Village Communities*, London, 1871, p. 330 (*Études sur l'histoire du droit*, Paris, 1889, p. 404).

et universels et celui de les prendre à l'inverse pour des accidents purement artificiels, dépendant exclusivement de l'arbitraire du législateur.

Et c'est en s'attachant à ces raisons diverses, parfois plutôt à l'une et parfois plutôt à l'autre, mais enfin aux unes et aux autres qu'on a toujours senti et que l'on sent toujours, dans les milieux informés, l'impossibilité de ne pas donner leur place légitime aux études de Droit romain dans les études de droit.

S'il fallait une preuve du danger qu'il y aurait à leur retirer cette place, on la trouverait dans un exemple que rappelait, il n'y a pas bien longtemps, le romaniste autrichien Wlassak (1), dans celui du lamentable abaissement éprouvé au siècle dernier par les études du droit en Autriche quand, par une aberration aujourd'hui réparée, la science autrichienne eut cru pouvoir, à la suite de la promulgation du Code de 1811, abandonner les études théoriques de Droit romain alors si brillamment conduites dans le reste des pays de langue allemande pour s'enfermer dans l'interprétation matérielle d'une loi sans passé.

S'il fallait citer une expression particulièrement éclatante de la façon dont l'utilité de ces études est comprise aujourd'hui, on la trouverait, Messieurs, chez vous, dans l'extension manifeste qui a été donnée à l'enseignement du Droit romain dans les écoles anglaises précisément au moment où le Droit romain perdait de plus en plus sur le continent son autorité législative, précisément dans le pays où l'on a depuis longtemps remarqué que les anciennes constructions juridiques ressemblent le plus à celles des jurisconsultes et des préteurs de Rome, mais où l'influence pratique des lois romaines a peut-être été le plus restreinte.

(1) *Das Rechtsgeschäft und das Verhältniss Willens zur Erklärung nach dem Deutschen Bürgerlichen Gesetzbuch*, Wien, 1902, p. 2.

III

Seulement ce maintien du Droit romain dans l'enseignement pour des fins qu'il n'a pas toujours eues, après la disparition des fins en vue desquelles il y a longtemps figuré, pose évidemment la question de savoir comment il doit être enseigné désormais. Et il y a une chose certaine. C'est qu'il ne peut plus être enseigné de la façon dont il aurait dû l'être en qualité de loi positive applicable aux procès privés à la manière d'une loi votée par un Parlement moderne, des lois anglaises de 1902 et de 1907 sur les biens de la femme mariée, de la loi allemande sur le change ou de la loi française du 23 mars 1855 sur la transcription. Il ne peut plus s'agir de traiter les textes du *Corpus juris* comme les articles d'un Code un peu disparate où un passage d'une novelle abolissait une constitution du Code, mais où les constitutions du Code se combinaient avec les fragments du Digeste, et où, suivant une expression connue, les textes des jurisconsultes du Digeste jouaient entre eux le rôle de choses fongibles. Il est trop clair qu'ainsi comprise, l'étude du Droit romain ne rendrait aucun des services qu'on lui demande aujourd'hui.

Pour qu'elle les rende, ce qu'il faut au contraire, c'est qu'on ne traite pas les textes du Digeste comme des choses fongibles, c'est qu'on cherche entre eux comme entre tous ceux du *Corpus juris* non pas les conciliations, mais les discordances, qui sont les indices des dissentiments individuels et des changements historiques. Ce dont il s'agit, c'est d'arriver à l'aide non seulement des compilations de Justinien, mais de toute la littérature juridique et extrajuridique, de tous les documents quelconques, à la connaissance la plus parfaite possible de l'ensemble et des détails de l'évolution juridique qui conduit de la fondation de Rome jusqu'à Justinien, et même jusqu'à nos jours par cette survivance de l'autorité des lois romaines dont la réception du Droit romain en Allemagne et son application encore plus ancienne sur l'autre moitié du continent ont été les causes jusqu'à notre temps.

Et l'on pourrait croire que nous avons en conséquence non seulement à sortir des voies depuis longtemps tracées, mais entrer dans des voies entièrement nouvelles. En réalité, ce n'est pas tout à fait cela. Nous avons seulement à marcher d'un pas plus ferme et plus conscient dans un chemin déjà suivi. Il se trouve que le mouvement a commencé dans la direction où nous devons aller, longtemps avant que les faits actuels lui donnassent sa pleine légitimité. ·

L'étude historique du Droit romain, est, pourrait-on presque dire, aussi vieille que l'étude du Droit romain. Sans remonter plus haut, elle était déjà pleinement entamée au temps de la Renaissance avec Alciat, Cujas et tant d'autres. Mais surtout de notre temps, dans cette Allemagne du xixe siècle qui a certainement possédé en Droit romain la même prépondérance qui avait appartenu à la France au xvie siècle, cette école de Savigny qui traitait en théorie les fragments des jurisconsultes comme des choses fongibles, a tout de même plus puissamment contribué qu'on n'avait jamais fait avant elle à dégager des sources récentes le Droit romain classique et jusqu'à un certain point le Droit romain antérieur. Et, si les traités des Pandectes ne pouvaient donner qu'une place accessoire, et pour ainsi dire de tolérance, aux recherches historiques, c'est pourtant le travail des Pandectistes qui a fourni aux études du Droit romain ce matériel historique excellent qui est aujourd'hui à notre disposition à tous. C'est au temps où le Droit romain était encore en Allemagne un droit pratique que se sont accomplis, en première ligne en Allemagne, ces dépouillements méthodiques des sources littéraires, juridiques et épigraphiques grâce auxquels le premier venu d'entre nous peut apercevoir plus nettement chaque phase du développement que n'eût pu faire Cujas ou même Savigny. C'est encore avant la promulgation du nouveau Code que se sont commencées, en Allemagne comme ailleurs, ces recherches de papyrus qui ont donné tant d'informations précieuses, non pas seulement sur le droit propre de l'Égypte romaine, mais sur les institutions générales du temps du Principat (1). C'est aussi alors qu'a été entrepris ce vaste travail d'analyse et d'examen individuel des sources qui, à la fois par la recherche des interpolations (2) et par celle de la structure de l'édit (3) et des ouvrages des jurisconsultes (4), a tant perfectionné notre connaissance des monuments et de la littérature en même temps qu'il nous a rendu sur les institutions disparues sous Justinien des massifs tout entiers de textes ignorés.

(1) V. la bibliographie, *Manuel*, p. 68, note 1, 2°.

(2) Bibliographie, *Manuel*, p. 79, n° 3. Ajoutez par ex. Ad. Berger, *Kritische Vierteljahrsschrift* de Munich, 1912, p. 397-445.

(3) Otto Lenel, *Edictum perpetuum*, 1re édition allemande, Leipzig, 1883, traduction française revue par l'auteur, Paris, 1901-1903, 2 vol. in-8°; 2e édition allemande, Leipzig, 1907. Ces trois versions allemandes et française du grand ouvrage de Lenel, qui en constituent en réalité trois éditions distinctes, sont la base de tous les travaux postérieurs et notamment des tableaux sommaires plus ou moins divers donnés dans Bruns, *Fontes iuris Romani*, 7e éd., 1911, 1, n° 38, par M. Lenel lui-même, dans les *Fontes iuris Romani antejustiniani*, éd. Riccobono, 1, 1909, n° 59, dans Girard, *Textes de droit romain*, 4e éd., 1913, p. 137-172 et plus succinctement encore par M. Paul Krueger, dans l'éd. stéréotype du Digeste de Mommsen-Krueger, *Add. III*.

(4) *Palingenesia iuris civilis secundum auctores et libros disposuit Otto Lenel*, Leipzig, 1888-1889, 2 vol. in-4°. Cf. encore P. Krueger, dans l'éd. stéréotype du Digeste, *Add. II*. — Il ne faut pas non plus oublier les recherches sur la chronologie des jurisconsultes et de leurs ouvrages qui eurent pour point de départ il y a plus de cinquante ans l'étude publiée à Bâle en 1860 par M. Hermann Fitting, *Ueber das Alter der Schriften römischer Juristen von Hadrian bis Alexander*, et réimprimée par lui en 1908 sous le titre nouveau correspondant à sa forme nouvelle d'*Alter und Folge der Schriften römischer Juristen von Hadrian bis Alexander*, Halle, 1908. V. sur cette seconde édition les deux comptes rendus de Girard, *Göttingische, Gelehrte Anzeigen*, 1910, p. 245-258 (reproduit dans Girard, *Mélanges de droit romain*, 1, 1912, p. 309-340) et de B. Kuebler, *Kritische Viertaljahrsschrift* de Munich, 1911, p. 1 et s.

Le Droit romain nouveau correspondant par son esprit et son contenu aux besoins nouveaux s'est ainsi trouvé constitué d'avance au moment où ces besoins devenaient le plus universels et le plus exclusifs.

Mais je voudrais, en finissant, remarquer une chose. C'est que, si l'édifice est déjà presque entièrement élevé, si nous pouvons en contempler les grandes lignes avec le sentiment de satisfaction qu'inspire la vue d'une construction solide et bien venue, cela ne veut pas dire que cette construction ne sollicite plus aucun travail complémentaire; cela ne veut pas dire que nous soyons arrivés, dans les études du Droit romain, à ce point d'achèvement et en quelque sorte de saturation où jusqu'à la survenance d'une circonstance nouvelle il ne reste pour ainsi dire plus de recherche à entreprendre.

C'est l'effet naturel et nécessaire de tout accroissement du savoir humain de poser de nouveaux problèmes en même temps qu'il en résout d'anciens. Les informations neuves et imprévues qui ont été obtenues dans les dernières années grâce à des textes nouveaux et au traitement plus ingénieux des textes anciens sont acquises. Mais il reste à chercher le contre-coup de ces informations sur ce que nous pensions auparavant, à procéder, après leur enregistrement provisoire et sommaire, à leur incorporation définitive et raisonnée dans le corps de notre savoir. On aurait tort de croire que ce soit là un petit travail ou que les résultats doivent en être insignifiants. Il ne s'agit au fond de rien moins que de la revision systématique de toute notre science depuis ses exposés jusqu'aux recueils de sources eux-mêmes.

J'en citerai un seul exemple qui, je crois, n'a pas encore été relevé et qui me paraît particulièrement frappant. Il se rapporte à la source qui est pour les romanistes la source entre toutes et à l'édition excellente

qui en a été donnée par un maître que je vénère plus
qu'aucun autre. Je parle du Digeste de Justinien et de
l'édition qui en a été donnée par mon cher et regretté
maître, l'illustre Théodore Mommsen (1). Dans cette édition qui est un modèle et qui a été accueillie par l'ad-
miration la plus universelle, Mommsen a, je crois,
dégagé d'une manière parfaite, les principes de classe-
ment des mss., il a dépouillé ces mss. avec la plus incom-
parable exactitude, et il a établi un texte qui est l'élé-
gance et la pénétration mêmes. La valeur de l'édition
n'a été atteinte ni par la publication de la photographie
du ms. de Florence (2), ni par certains travaux paléogra-
phiques (3) qui n'ont eu, somme toute, pour effet que de
faire ressortir la solidité du travail du maître. Mais
pourtant ce travail appartient à son temps par un trait
inévitable.

A l'époque où Mommsen établissait son édition, on
savait que le Digeste contenait des interpolations. Il
était impossible de soupçonner qu'elles eussent eu la
fréquence, la profondeur et l'étendue qui sont établies
aujourd'hui. Et il a déjà fallu donner satisfaction aux
besoins provoqués par le nouvel état des connaissances
en indiquant dans des éditions récentes et même dans
les dernières éditions stéréotypes de l'ouvrage de
Mommsen (4), au-dessous de la forme présentée par les

(1) *Digesta Iustiniani Augusti recognovit Th. Mommsen*, Berlin,
1866-1870, 2 vol. in-4°.

(2) *Iustiniani Augusti digestorum seu Pandectarum codex Floren-
tinus olim Pisanus phototype expressus*, Rome, 1902-1912, in-folio.

(3) V. notamment Hermann U. Kantorowicz, *Die Entstehung der Diges-
tenvulgata, Ergänzungen zu Mommsen*, Weimar, 1910, viii-171 p. in-8°
(réimpression, avec additions, d'articles parus dans la *Zeitschrift der
Savigny-Stiftung, Roman. Abth.*, 30, 1909, p. 183-271. 31, 1910, p. 14-88.

(4) V. le premier volume jusqu'à présent seul paru de la récente édition
italienne (*Digesta Iustiniani Augusti recognoverunt et ediderunt P.
Bonfante, C. Fadda, C. Ferrini, S. Riccobono, V. Scialoja, iuris
antecessores. Libri I-XXVIII*, Milan, 1908, 1 vol. in-18), et les 11e et
12e éditions stéréotypes du Digeste de Mommsen publiées en 1908 et 1912,
par M. Paul Krueger.

textes dans la compilation de Justinien, la forme différente que beaucoup d'entre eux avaient probablement chez leurs auteurs. Mais la même cause entraîne, quant au corps de l'ouvrage, une conséquence plus grave et plus difficile à réparer.

C'est en ce qui concerne l'appréciation, si importante pour l'établissement du texte à imprimer, des défectuosités présentées par le texte ms. qui nous a été transmis, des fautes d'orthographe et de grammaire qui sont attestées par le ms. de Florence aussi bien que par ceux des Bolonais et qui sont parfois même certifiées par le témoignage des scoliastes grecs, en ce qui concerne la question de savoir quand ces défectuosités doivent être attribuées à des erreurs involontaires des copistes de Justinien ou des copistes antérieurs et quand elles doivent l'être aux interpolations voulues des compilateurs.

Écrivant en un temps où l'on ne savait pas encore combien les interpolations ont été multiples et profondes, Mommsen a forcément admis beaucoup plus d'erreurs involontaires et beaucoup moins de remaniements conscients qu'on ne ferait aujourd'hui et par suite, il a, dans la constitution de son texte, tiré de la supposition de l'inadvertance des conséquences différentes de celles qui doivent être tirées de la preuve de la volonté réfléchie (1).

____

(1) Je donne encore un seul exemple que je ne crois pas avoir été signalé. C'est le fragment *D.*, 21, 2, 46, 2, extrait du livre 6 des *Quaestiones* d'Africain : *Cum tibi Stichum venderem, dixi eum statuliberum esse sub hac condicione manumissum « si navis ex Asia venerit » : is autem « si Titius consul factus fuerit » manumissus erat : quaerebatur, si prius navis ex Asia venerit ac post Titius consul fiat atque ita in libertatem evictus sit, an evictionis nomine teneatur. Respondit non teneri eum : etenim dolo malo emptorem facere, cum prius exstiterit ea condicio, quam evictionis nomine exsolverit.* Mommsen relève dans les trois lignes finales jusqu'à trois défectuosités : le verbe *teneatur*, qu'il corrige en *tenear*, parce que le consultant parle d'une opération faite par lui (*cum tibi Stichum venderem dixi...*) et non par un tiers; *eum*, qu'il efface

Il faudra donc que cette édition savante admirable, que bien des gens, desquels je suis, ont longtemps considérée comme aussi définitive que peut l'être une œuvre humaine, cède à son tour la place à une édi-

pour la même raison : *quam*, qu'il corrige en *quae me* parce qu'il est impossible d'imaginer un sens quelconque dans lequel l'acheteur aurait pu *exsolvere* une condition. Il suppose trois maladresses distinctes des copistes par suite desquelles ils auraient écrit *teneatur* au lieu de *tenear*, ajouté un *eum* qui n'était pas dans leur modèle et lu dans ce modèle *quam* au lieu de *quae me*. Les trois défectuosités s'expliquent plus simplement par une cause unique, l'interpolation du texte. En effet, ainsi qu'on l'a depuis longtemps aperçu, le fragment se rapportait dans sa forme première non pas à la théorie de la garantie dans la vente consensuelle, mais à celle de l'*auctoritas* dans la mancipation : il se rapportait à la déclaration par laquelle le mancipant a d'avance décliné l'*auctoritas* en face d'une cause d'éviction donnée et au point de savoir si cette déclaration est inefficace quand la cause a été indiquée d'une manière inexacte, mais que l'inexactitude n'a pas causé de préjudice à l'acquéreur (voir sur cette question, outre notre § 2 et le § 3 du même texte, Pomponius, *6 ad Sabinum*, *D.*, 19, 1, 7; Julien, *57 digestorum*, *D.*, 21, 2, 39, 5; cf. *D.*, 21, 2, 69, 3-4, où Scaevola, *2 quaest.* rapporte, pour l'inexactitude relative à la somme moyennant laquelle un *statu-liber* obtiendra la liberté, une interprétation divergente qu'il attribue à Servius Sulpicius et qu'il dit avoir prévalu, mais qui, si elle semble en effet admise *D.*, 21, 2, 54, 1, par Gaius, *28 ad ed. prov.*, ne nous paraît être suivie ni par Africain citant Julien au § 3 de notre fr., ni par Paul, *5 ad Sab.*, *D.*, 40, 7, 10). Et en conséquence les mots *evictionis nomine*, qui se rencontrent à deux reprises dans notre § 2, sont signalés comme interpolés à la place de la mention de l'*auctoritas* et par Lenel dans la *Palingenesia* (Africanus, nº 63) et par Krueger dans sa 11ᵉ édition stéréotype. Seulement ces auteurs n'ont pas remarqué que les interpolateurs ont eu à faire subir au texte des remaniements singulièrement plus profonds que la substitution mécanique du mot *evictionis* au mot *auctoritatis* (ou encore au second endroit, d'après Lenel, de *quam evictionis nomine* à *quam auctoritatem*) et que ce sont précisément ces remaniements qui ont sans doute été l'origine de nos trois incorrections. Il ne suffit pas en effet, pour rendre au texte sa physionomie première, de substituer aux deux endroits visés la mention de l'*auctoritas* à celle de l'éviction; car le répondant cité par Africain, c'est-à-dire, comme on sait, Julien, ne peut pas avoir dit que l'aliénateur n'est pas tenu, attendu que l'acheteur commet un dol; Julien ne peut pas avoir dit cela, parce que le caractère dolosif d'une poursuite, qui peut, en droit nouveau, en entraîner la paralysie, en provoquer l'échec à l'aide de moyens prétoriens, ainsi de l'exception de dol, ne peut pas exclure l'existence du droit exercé, d'après le droit civil pur qui est celui de la mancipation et de l'action *auctoritatis*. Julien disait donc au contraire que l'aliénateur est tenu, au cas où la cause d'éviction n'a pas été régulièrement écartée, mais

tion nouvelle qui conservera ses mérites en évitant ses défauts. Et cette édition nouvelle viendra à son heure, si d'ailleurs elle ne devra sans doute venir que dans un temps encore fort éloigné, quand les résultats

que l'action de l'acquéreur est paralysée par l'exception de dol, quand il commet un dol en intentant son action, alors que l'inexactitude de la déclaration ne lui a pas causé de préjudice, ainsi quand, comme dans notre exemple, la cause d'éviction pour laquelle l'*auctoritas* avait été écartée s'est produite avant celle pour laquelle il se plaint du défaut d'*auctoritas*. Le texte a donc été, à son entrée au Digeste, remanié, non pas pour un mot ou deux, mais dans la totalité de sa finale, et l'agglomération de défectuosités présentée par cette finale, qui ne s'expliquerait pas du tout là par des erreurs de copistes qui n'auraient aucune raison d'être à cet endroit plus nombreuses qu'ailleurs, s'y explique en revanche parfaitement par la maladresse que montrent les compilateurs toutes les fois qu'ils ont à opérer un changement un peu étendu. Quant à déterminer exactement comment s'est fait le changement c'est-à-dire quelle était avant le remaniement la teneur littérale du texte remanié, on ne peut naturellement émettre que des conjectures plus ou moins plausibles; car le texte primitif peut avoir exprimé de plus d'une façon des idées sensiblement équivalentes. J'indique seulement la restitution qui me paraît la plus vraisemblable, parce que c'est celle qui me semble le mieux rendre compte de la forme présente du texte. Africain peut avoir écrit, au début de notre passage, non pas, comme restituent les éditeurs cités plus haut : *quaerebatur... an auctoritatis nomine teneatur*, qui n'expliquerait pas le passage de la 1re personne à la 3e, mais : *quaerebatur... an auctor teneatur*, qui l'explique. Ensuite la réponse de Julien selon laquelle l'aliénateur est tenu, mais l'acquéreur sera repoussé par l'exception de dol, attendu qu'il intente son action par dol, était rapportée par une tournure telle que : *respondit teneri eum, sed emptorem de auctoritate agentem exceptione doli mali repellendum esse : etenim dolo malo facere...* Puis enfin le texte pouvait exprimer le motif pour lequel l'acquéreur commettait un dol, non pas par les mots : *cum prius exstiterit ea condicio quam auctoritatis nomine exsolverit* qui sont aussi incompréhensibles avec *auctoritatis* qu'avec *evictionis*, mais par quelque chose comme : *cum prius existiterit ea condicio quae auctorem exsolverit quam is auctoritatem defugerit.* Cela donne, à peu près, comme texte original d'Africain : *Quaerebatur... an auctor teneatur. Respondit teneri eum, sed emptorem de auctoritate agentem doli mali exceptione repellendum esse : etenim dolo malo facere emptorem, si agat de auctoritate, cum prius exstiterit ea condicio quae auctorem exsolverit quam is auctoritatem defugerit.* Les compilateurs ont pris ce qui était dit de l'existence de l'obligation et de sa paralysie par l'exception pour faire la phrase qui dit que l'obligation n'existe pas et qui justifie son inexistence par la justification de l'exception; en outre, dans leur préoccupation de supprimer toutes les mentions d'*auctor* et d'*auctoritas*, ils ont remplacé au début *auctor* par

des recherches présentes sur les interpolations auront été assez clarifiés par la réflexion et la critique, pour que la condensation n'en soit pas prématurée. Mais, en attendant, nous pouvons nous dire, nous tous qui enseignons le Droit romain et plus largement nous tous qui enseignons le Droit aujourd'hui, que nous collaborons dès maintenant à la préparation de cette édition à venir, comme nous collaborons au développement général de la science du Droit, par cela même que nous participons, dans la mesure de nos forces à chacun, à ce travail collectif qui est de plus en plus conduit, suivant les mêmes méthodes et dans les mêmes fins, dans toutes les écoles de droit dignes de ce nom. J'ai besoin, Messieurs, de me rappeler cette communauté de toutes les branches de nos études pour ne pas me sentir plus confus de vous avoir entretenus si longuement de celle de ces branches qui m'est le plus familière.

P. F. GIRARD.

evictionis nomine, sans apercevoir que cela rendait *teneatur* et *eum* inexplicables, puis, à la fin, ils ont supprimé l'incidente *si agat de auctoritate*, et la finale *quam auctoritatem defugerit* et remplacé encore *auctorem* par *evictionis nomine*, en changeant *quae* en *quam* pour donner au membre de phrase une tournure plus sortable, sans voir encore qu'ils ne lui laissaient plus de sens. Et l'interpolation s'est ainsi trouvée engendrer nos trois incorrections qui ne doivent pas être rectifiées, comme des erreurs de copistes, mais conservées dans le texte comme l'œuvre authentique des commissaires de Justinien.